Federico García Lorca

Doña Rosita la Soltera

Poema granadino del novecientos, dividido en varios jardines, con escenas de canto y baile

Barcelona **2022**
linkgua-digital.com

Créditos

Título original: Doña Rosita la Soltera.

e-mail: info@linkgua.com

Diseño de cubierta: Michel Mallard.

ISBN rústica: 978-84-9007-136-6.
ISBN ebook: 978-84-9007-137-3.

Sumario

Brevísima presentación

La vida

Federico García Lorca (Fuente Vaqueros, Granada, 5 de junio de 1898-entre Víznar y Alfacar, 18 de agosto de 1936). España.

Poeta, dramaturgo y prosista. Adscrito a la llamada generación del 27, es el poeta de mayor influencia de la literatura española del siglo XX.

Nació en una familia de posición económica desahogada y fue bautizado con el nombre de Federico del Sagrado Corazón de Jesús García Lorca; su padre fue don Federico García Rodríguez, un hacendado, y su madre, doña Vicenta Lorca, maestra de escuela que fomentó el gusto literario a su hijo.

Como estudiante fue algo irregular, abandonó la Facultad de Derecho de Granada para instalarse en la Residencia de Estudiantes de Madrid (1918-1928); y pasado un tiempo regresó a la Universidad de Granada donde se graduó como abogado.

En 1918 publicó su primer libro *Impresiones y paisajes*, costeado por su padre. En 1920 se estrenó su obra de teatro *El maleficio de la mariposa*, y en 1921 se publicó su *Libro de poemas*. En esta época frecuentó a los poetas de su generación: Jorge Guillén, Pedro Salinas, Gerardo Diego, Dámaso Alonso, Rafael Alberti, y sobre todo a Buñuel y Dalí, a quien después le tributó *Oda a Salvador Dalí*. El pintor, por su parte, pintó los decorados de la pieza teatral *Mariana Pineda*.

Hacia 1928 Lorca publicó la revista literaria *Gallo*, de la cual salieron apenas dos números.

En 1929 se marchó a Nueva York. Para entonces se habían publicado, además de los libros ya citados, sus libros *Canciones* (1927) y el *Primer romancero gitano* (1928), su obra poética más célebre.

De su viaje a Nueva York nace el libro *Poeta en Nueva York*. De esta ciudad Lorca viajó en 1930 a La Habana, donde escribió parte de sus obras *Así pasen cinco años* y *El público*, ese año regresó a España donde fue recibido en Madrid con la noticia de que su farsa *La zapatera prodigiosa* estaba en escena.

En 1931 se instaura la Segunda República española y esta nombró a Fernando de los Ríos como Ministro de Instrucción Pública, quien fue el principal mecenas de Lorca durante los primeros años del poeta en España. García Lorca fue nombrado codirector de la compañía estatal de teatro La barraca donde produjo, dirigió, escribió, y adaptó varias obras teatrales. Escribió en este período *Bodas de Sangre*, *Yerma* y *Doña Rosita la soltera*. En 1933 viajó a Argentina y su puesta en escena de *La dama boba* de Lope de Vega atrajo a más de sesenta mil personas. Entre este año y 1936 escribió *Diván de Tamarit*, *Llanto por Ignacio Sánchez Mejías*, *La casa de Bernarda Alba* y trabajó en *La destrucción de Sodoma*.

Tras el estallido de la Guerra Civil española, Lorca rehusó el exilio ofrecido por Colombia y México, cuyos embajadores previeron que el poeta pudiera ser víctima de un atentado.

Tras una denuncia anónima, el 16 de agosto de 1936 fue detenido en la casa de su amigo, el también poeta Luis Rosales, quien obtuvo la promesa de que sería puesto en libertad «si no existía denuncia en su contra». La orden de ejecución fue dada por el gobernador civil de Granada, José Valdés Guzmán. Valdés contaba con el visto bueno del general Queipo de Llano, a quien se consultó sobre qué hacer con Lorca. Parece que fue fusilado la madrugada del día 18 de agosto de 1936.

Doña Rosita

Doña Rosita la Soltera... o el lenguaje de las flores es una comedia de García Lorca, ambientada en Granada y estrenada en diciembre de 1935 en Barcelona.

En una entrevista Lorca relata: «Mi amigo Moreno Villa me dijo un día: "Te voy a contar la historia bonita de la vida de una flor: la rosa mutabile, sacada de un libro de rosas del siglo XVIII. Había una vez una rosa..." Y cuando acabó el cuento maravilloso de la rosa yo tenía hecha mi comedia. Se me apareció terminada, única, imposible de reformar.»

El personaje más destacado de *Doña Rosita la Soltera* es una solterona granadina que, sin resignarse ante el paso del tiempo, mantiene la esperanza de que algún día regrese su amado. Tras un inicio irónico y humorístico se da paso a un relato amargo en que el personaje se consume lentamente en una infructuosa espera.

Doña Rosita la soltera

Personajes

Doña Rosita
El Ama
La Tía
Manola Primera
Manola Segunda
Manola Tercera
Soltera Primera
Soltera Segunda
Soltera Tercera
Madre de las Solteras
Ayola Primera
Ayola Segunda
El Tío
El Sobrino
El Catedrático de Economía
Don Martín
El Muchacho
Dos Obreros
Una Voz

Acto primero

Habitación con salida a un invernadero.

Tío	¿Y mis semillas?
Ama	Ahí estaban.
Tío	Pues no están.
Tía	Eléboro, fucsias y los crisantemos, Luis Passy violáceo y altair blanco plata con puntas heliotropo.
Tío	Es necesario que cuidéis las flores.
Ama	Si lo dice usted por mí...
Tía	Calla. No repliques.
Tío	Lo digo por todos. Ayer me encontré las semillas de dalias pisoteadas por el suelo. (*Entra en el invernadero.*) No os dais cuenta de mi invernadero; desde el ochocientos siete en que la condesa de Wandes obtuvo la rosa muscosa, no la ha conseguido nadie en Granada más que yo, ni el botánico de la universidad. Es preciso que tengáis más respeto por mis plantas.
Ama	¿Pero no las respeto?
Tía	¡Chist! Sois a cual peor.

Ama — Sí, señora. Pero yo no digo que de tanto regar las flores y tanta agua por todas partes, van a salir sapos en el sofá.

Tía — Luego bien te gusta olerlas.

Ama — No, señora. A mí las flores me huelen a niño muerto, o a profesión de monja, o a altar de iglesia. A cosas tristes. Donde esté una naranja o un buen membrillo, que se quiten las rosas del mundo. Pero aquí... rosas por la derecha, albahaca por la izquierda, anémonas, salvias, petunias y esas flores de ahora, de moda, los crisantemos, despeinados como unas cabezas de gitanillas. ¡Qué ganas tengo de ver plantados en este jardín, un peral, un cerezo, un kaki!

Tía — ¡Para comértelos!

Ama — Come quien tiene boca... Como decían en mi pueblo:

La boca sirve para comer,
las piernas sirven para la danza
y hay una cosa de la mujer...

(Se detiene y se acerca a la Tía y lo dice bajo.)

Tía — ¡Jesús! (Signando.)

Ama — Son indecencias de los pueblos. (Signando.)

Rosita — (Entra rápida. Viene vestida de rosa con un traje del novecientos, mangas de jamón y adornos de cintas.) ¿Y mi sombrero? ¿Dónde está mi sombrero? ¡Ya han dado las treinta campanadas en San Luis!

Ama Yo lo dejé en la mesa.

Rosita Pues no está. (Buscan. El Ama sale.)

Tía ¿Has mirado en el armario? (Sale la Tía.)

Ama (Entra.) No lo encuentro.

Rosita ¿Será posible que no se sepa dónde está mi sombrero?

Ama Ponte el azul con margaritas.

Rosita Estás loca.

Ama Más loca estás tú.

Tía (Vuelve a entrar.) ¡Vamos, aquí está! (Rosita lo coge y sale corriendo.)

Ama Es que todo lo quiere volando. Hoy ya quisiera que fuese pasado mañana. Se echa a volar y se nos pierde de las manos. Cuando chiquita tenía que contarle todos los días el cuento de cuando ella fuera vieja: «Mi Rosita ya tiene ochenta años»... y siempre así. ¿Cuándo la ha visto usted sentada a hacer encaje de lanzadera o frivolité, o puntas de festón o sacar hilos para adornarse una chapona?

Tía Nunca.

Ama Siempre del coro al caño y del caño al coro; del coro al caño y del caño al coro.

Tía	¡A ver si te equivocas!
Ama	Si me equivocara no oiría usted ninguna palabra nueva.
Tía	Claro es que nunca me ha gustado contradecirla, ¿porque quién apena a una criatura que no tiene padres?
Ama	Ni padre, ni madre, ni perrito que le ladre, pero tiene un tío y una tía que valen un tesoro. (La abraza.)
Tío	(Dentro.) ¡Esto ya es demasiado!
Tía	¡María Santísima!
Tío	Bien está que se pisen las semillas, pero no es tolerable que esté con las hojitas tronchadas la planta de rosal que más quiero. Mucho más que la muscosa y la híspida y la pomponiana y la damascena y que la eglantina de la reina Isabel. (A la Tía.) Entra, entra y la verás.
Tía	¿Se ha roto?
Tío	No, no le ha pasado gran cosa, pero pudo haberle pasado.
Ama	¡Acabáramos!
Tío	Yo me pregunto: ¿quién volcó la maceta?
Ama	A mí no me mire usted.

Tío | ¿He sido yo?

Ama | ¿Y no hay gatos y no hay perros, y no hay un golpe de aire que entra por la ventana?

Tía | Anda, barre el invernadero.

Ama | Está visto que en esta casa no la dejan hablar a una.

Tío | (Entra.) Es una rosa que nunca has visto; una sorpresa que te tengo preparada. Porque es increíble la rosa declinata de capullos caídos y la inermis que no tiene espinas, qué maravilla, ¿eh?, ¡ni una espina! y la mirtifolia que viene de Bélgica y la sulfurata que brilla en la oscuridad. Pero ésta las aventaja a todas en rareza. Los botánicos la llaman rosa mutabile, que quiere decir: mudable; que cambia... En este libro está su descripción y su pintura, ¡mira! (Abre el libro.) Es roja por la mañana, a la tarde se pone blanca, y se deshoja por la noche.

Cuando se abre en la mañana,
roja como sangre está.
El rocío no la toca
porque se teme quemar.
Abierta en el medio día
es dura como el coral.
El sol se asoma a los vidrios
para verla relumbrar.
Cuando en las ramas empiezan
los pájaros a cantar
y se desmaya la tarde
en las violetas del mar,

se pone blanca, con blanco
de una mejilla de sal.
Y cuando toca la noche
blando cuerno de metal
y las estrellas avanzan
mientras los aires se van,
en la raya de lo oscuro,
se comienza a deshojar.

Tía — ¿Y tiene ya flor?

Tío — Una que se está abriendo.

Tía — ¿Dura un día tan solo?

Tío — Uno. Pero yo ese día lo pienso pasar al lado para ver cómo se pone blanca.

Rosita — (Entrando.) Mi sombrilla.

Tío — Su sombrilla.

Tía — (A voces.) ¡La sombrilla!

Ama — (Apareciendo.) ¡Aquí está la sombrilla! (Rosita coge la sombrilla y besa a sus Tíos.)

Rosita — ¿Qué tal?

Tío — Un primor.

Tía — No hay otra.

Rosita — (Abriendo la sombrilla.) ¿Y ahora?

Ama — ¡Por Dios, cierra la sombrilla, no se puede abrir bajo techado! ¡Llega la mala suerte!

Por la rueda de san Bartolomé
y la varita de san José
y la santa rama de laurel,
enemigo, retírate
por las cuatro esquinas de Jerusalén

(Ríen todos. El Tío sale.)

Rosita — (Cerrando.) ¡Ya está!

Ama — No lo hagas más... ¡ca... ramba!

Rosita — ¡Uy!

Tía — ¿Qué ibas a decir?

Ama — ¡Pero no lo he dicho!

Rosita — (Saliendo con risas.) ¡Hasta luego!

Tía — ¿Quién te acompaña?

Rosita — (Asomando la cabeza.) Voy con las manolas.

Ama — Y con el novio.

Tía — El novio creo que tenía que hacer.

Ama — No sé quién me gusta más: si el novio o ella. (La Tía se sienta a hacer encaje de bolillos.) Un par de primos para ponerlos en un vasar de azúcar, y si se murieran, ¡Dios los libre!, embalsamarlos y meterlos en un nicho de cristales y de nieve. ¿A cuál quiere usted más? (Se pone a limpiar.)

Tía — A los dos los quiero como sobrinos.

Ama — Uno por la manta de arriba y otro por la manta de abajo, pero...

Tía — Rosita se crió conmigo...

Ama — Claro. Como que yo no creo en la sangre. Para mí esto es ley. La sangre corre por debajo de las venas, pero no se ve. Más se quiere a un primo segundo que se ve todos los días, que a un hermano que está lejos. Por qué, vamos a ver.

Tía — Mujer, sigue limpiando.

Ama — Ya voy. Aquí no la dejan a una ni abrir los labios. Críe usted una niña hermosa para esto. Déjese usted a sus propios hijos en una chocita temblando de hambre.

Tía — Será de frío.

Ama — Temblando de todo, para que la digan a una, ¡cállate! y como soy criada no puedo hacer más que callarme, que es lo que hago y no puedo replicar y decir...

Tía — Y decir, ¿qué...?

Ama — Que deje usted esos bolillos con ese tiquití, que me va a estallar la cabeza de tiquitís.

Tía — (Riendo.) Mira a ver quien entra. (Hay un silencio en la escena, donde se oye el golpear de los bolillos.)

Voz — ¡¡Manzanillaaaaa finaaa de la sierraaa!!

Tía — (Hablando sola.) Es preciso comprar otra vez manzanilla. En algunas ocasiones hace falta... Otro día que pase... treinta y siete, treinta y ocho.

(Voz del Pregonero muy lejos.)

¡Manzanillaa finaa de la sierraa!

Tía — (Poniendo un alfiler.) Y cuarenta.

Sobrino — (Entrando.) Tía.

Tía — (Sin mirarlo.) Hola, siéntate, si quieres. Rosita ya se ha marchado.

Sobrino — ¿Con quién salió?

Tía — Con las manolas. (Pausa. Mirando al Sobrino.) Algo te pasa.

Sobrino — Sí.

Tía — (Inquieta.) Casi me lo figuro. Ojalá me equivoque.

Sobrino — No. Lea usted.

Tía	(Lee.) Claro, si es lo natural. Por eso me opuse a tus relaciones con Rosita. Yo sabía que más tarde o más temprano te tendrías que marchar con tus padres. ¡Y que es ahí al lado! Cuarenta días de viaje hacen falta para llegar a Tucumán. Si fuera hombre y joven, te cruzaría la cara.
Sobrino	Yo no tengo culpa de querer a mi prima. ¿Se ima gina usted que me voy con gusto? Precisamente quiero quedarme aquí y a eso vengo.
Tía	¡Quedarte! ¡Quedarte! Tu deber es irte. Son muchas leguas de hacienda y tu padre está viejo. Soy yo la que te tiene que obligar a que tomes el vapor. Pero a mí me dejas la vida amargada. De tu prima no quiero acordarme. Vas a clavar una flecha con cintas moradas sobre su corazón. Ahora se enterará de que las telas no sólo sirven para hacer flores sino para empapar lágrimas.
Sobrino	¿Qué me aconseja usted?
Tía	Que te vayas. Piensa que tu padre es hermano mío. Aquí no eres más que un paseante de los jardinillos y allí serás un labrador.
Sobrino	Pero es que yo quisiera...
Tía	¿Casarte? ¿Estás loco? Cuando tengas tu porvenir hecho. Y llevarte a Rosita, ¿no? Tendrías que saltar por encima de mí y de tu tío.
Sobrino	Todo es hablar. Demasiado sé que no puedo. Pero yo quiero que Rosita me espere. Porque volveré pronto.

Tía

Si antes no pegas la hebra con una tucumana. La lengua se me debió pegar en el cielo de la boca antes de consentir tu noviazgo; porque mi niña se queda sola en estas cuatro paredes, y tú te vas libre por el mar, por aquellos ríos, por aquellos bosques de toronjas, y mi niña aquí, un día igual a otro, y tú allí: el caballo y la escopeta para tirarle al faisán.

Sobrino

No hay motivo para que me hable usted de esa manera. Yo di mi palabra y la cumpliré. Por cumplir su palabra está mi padre en América y usted sabe...

Tía

(Suave.) Calla.

Sobrino

Callo. Pero no confunda usted el respeto con la falta de vergüenza.

Tía

(Con ironía andaluza.) ¡Perdona, perdona! Se me había olvidado que ya eras un hombre.

Ama

(Entra llorando.) Si fuera un hombre no se iría.

Tía

(Enérgica.) ¡Silencio! (El Ama llora con grandes sollozos.)

Sobrino

Volveré dentro de unos instantes. Dígaselo usted.

Tía

Descuida. Los viejos son los que tienen que llevar los malos ratos. (Sale el Sobrino.)

Ama

¡Ay, qué lástima de mi niña! ¡Ay, qué lástima! ¡Ay, qué lástima? ¡Éstos son los hombres de ahora! Pidiendo ochavitos por las calles, me quedo yo al lado de esta prenda. Otra vez vienen los llantos a esta casa. ¡Ay, señora! (Reaccionando.) ¡Ojalá se lo coma la serpiente del mar!

Tía ¡Dios dirá!

Ama Por el ajonjolí,
por las tres santas preguntas
y la flor de la canela,
tenga malas noches
y malas sementeras.
Por el pozo de san Nicolás
se le vuelva veneno la sal.

(Coge un jarro de agua y hace una cruz en el suelo.)

Tía No maldigas. Vete a tu hacienda. (Sale el Ama.)

(Se oyen risas. La Tía se va.)

Manola 1 (Entrando y cerrando la sombrilla.) ¡Ay!

Manola 2 (Igual.) ¡Ay, qué fresquito!

Manola 3 (Igual.) ¡Ay!

Rosita (Igual.) ¿Para quién son los suspiros de mis tres lindas manolas?

Manola 1 Para nadie.

Manola 2 Para el viento.

Manola 3 Para un galán que me ronda.

Rosita ¿Qué manos recogerán los ayes de vuestra boca?

Manola 1 La pared.

Manola 2 Cierto retrato.

Manola 3 Los encajes de mi colcha.

Rosita También quiero suspirar. ¡Ay, amigas! ¡Ay, manolas!

Manola 1 ¿Quién los recoge?

Rosita Dos ojos
que ponen blanca la sombra,
cuyas pestañas son parras,
donde se duerme la aurora.
Y a pesar de negros son
dos tardes con amapolas.

Manola 1 ¡Ponle una cinta al suspiro!

Manola 2 ¡Ay!

Manola 3 Dichosa tú.

Manola 1 ¡Dichosa!

Rosita No me engañéis que yo sé cierto rumor de vosotras.

Manola 1 Rumores son jaramagos.

Manola 2 Y estribillos de las olas.

Rosita — Lo voy a decir...

Manola 1 — Empieza.

Manola 3 — Los rumores son coronas.

Rosita — Granada, calle de Elvira,
donde viven las manolas,
las que se van a la Alhambra,
las tres y las cuatro solas.
Una vestida de verde,
otra de malva, y la otra,
un corselete escocés
con cintas hasta la cola.
Las que van delante, garzas
la que va detrás, paloma,
abren por las alamedas
muselinas misteriosas.
¡Ay, qué oscura está la Alhambra!
¿Adónde irán las manolas
mientras sufren en la umbría
el surtidor y la rosa?
¿Qué galanes las esperan?
¿Bajo qué mirto reposan?
¿Qué manos roban perfumes
a sus dos flores redondas?
Nadie va con ellas, nadie;
dos garzas y una paloma.
Pero en el mundo hay galanes
que se tapan con las hojas.
La catedral ha dejado
bronces que la brisa toma;
El Genil duerme a sus bueyes
y el Dauro a sus mariposas.

La noche viene cargada
con sus colinas de sombra;
una enseña los zapatos
entre volantes de blonda;
la mayor abre sus ojos
y la menor los entorna.
¿Quién serán aquellas tres
de alto pecho y larga cola?
¿Por qué agitan los pañuelos?
¿Adónde irán a estas horas?
Granada, calle de Elvira,
donde viven las manolas,
las que se van a la Alhambra,
las tres y las cuatro solas.

Manola 1 Deja que el rumor extienda
sobre Granada sus olas.

Manola 2 ¿Tenemos novio?

Rosita Ninguna.

Manola 2 ¿Digo la verdad?

Rosita Sí, toda.

Manola 3 Encajes de escarcha tienen
nuestras camisas de novia.

Rosita Pero...

Manola 1 La noche nos gusta.

Rosita Pero...

Manola 2 — Por calles en sombra.

Manola 1 — Nos subimos a la Alhambra
las tres y las cuatro solas.

Manola 3 — ¡Ay!

Manola 2 — Calla.

Manola 3 — ¿Por qué?

Manola 2 — ¡Ay!

Manola 1 — ¡Ay, sin que nadie lo oiga!

Rosita — Alhambra, jazmín de pena
donde la luna reposa.

Ama — Niña, tu tía te llama. (Muy triste.)

Rosita — ¿Has llorado?

Ama — (Conteniéndose.) No... es que tengo así, una cosa que...

Rosita — No me asustes. ¿Qué pasa? (Entra rápida, mirando hacia el Ama. Cuando entra Rosita el Ama rompe a llorar en silencio.)

Manola 1 — (En voz alta.) ¿Qué ocurre?

Manola 2 — Dinos.

Ama	Callad.

Manola 3	(En voz baja.) ¿Malas noticias?

(El Ama las lleva a la puerta y mira por donde salió Rosita.)

Ama	¡Ahora se lo está diciendo!

(Pausa, en que todas oyen.)

Manola 1	Rosita está llorando, vamos a entrar.

Ama	Venid y os contaré. ¡Dejadla ahora! Podéis salir por el postigo.

(Salen. Queda la escena sola. Un piano lejisimo toca un estudio de Cerny. Pausa. Entra el Primo y al llegar al centro de la habitación se detiene porque entra Rosita. Quedan los dos mirándose frente a frente. El Primo avanza. La enlaza por el talle. Ella inclina la cabeza sobre su hombro.)

Rosita	¿Por qué tus ojos traidores
con los míos se fundieron?
¿Por qué tus manos tejieron,
sobre mi cabeza, flores?
¡Qué luto de ruiseñores
dejas a mi juventud,
pues siendo norte y salud
tu figura y tu presencia
rompes con tu cruel ausencia
las cuerdas de mi laúd!

Primo	(La lleva a un vis-á-vis y se sientan.)
¡Ay, prima, tesoro mío!,
ruiseñor en la nevada,

deja tu boca cerrada
al imaginario frío;
no es de hielo mi desvío,
que aunque atraviese la mar
el agua me ha de prestar
nardos de espuma y sosiego
para contener mi fuego
cuando me vaya a quemar.

Rosita

Una noche adormilada
en mi balcón de jazmines
vi bajar dos querubines
a una rosa enamorada;
ella se puso encarnada,
siendo blanco su color;
pero como tierna flor,
sus pétalos encendidos
se fueron cayendo heridos
por el beso del amor.
Así yo, primo inocente,
en mi jardín de arrayanes,
daba al aire mis afanes
y mi blancura a la fuente.
Tierna gacela imprudente
alcé los ojos, te vi
y en mi corazón sentí
agujas estremecidas
que me están abriendo heridas
rojas como el alhelí.

Primo

He de volver, prima mía,
para llevarte a mi lado
en barco de oro cuajado
con las velas de alegría;

luz y sombra, noche y día,
sólo pensaré en quererte.

Rosita

Pero el veneno que vierte
amor, sobre el alma sola,
tejerá con tierra y ola
el vestido de mi muerte.

Primo

Cuando mi caballo lento
coma tallos con rocío;
cuando la niebla del río
empañe el muro del viento;
cuando el verano violento
ponga el llano carmesí
y la escarcha deje en mí
alfileres de lucero,
te digo, porque te quiero,
que me moriré por ti.

Rosita

Yo ansío verte llegar
una tarde por Granada
con toda la luz salada
por la nostalgia del mar;
amarillo limonar,
jazminero desangrado,
por las piedras enredado
impedirán tu camino,
y nardos en remolino
pondrán loco mi tejado.
Volverás.

Primo

Sí. ¡Volveré!

Rosita

¿Qué paloma iluminada

me anunciará tu llegada?

Primo — El palomo de mi fe.

Rosita — Mira que yo bordaré
sábanas para los dos.

Primo — Por los diamantes de Dios
y el clavel de su costado,
juro que vendré a tu lado.

Rosita — ¡Adiós, primo!

Primo — ¡Prima, adiós!

(Se abrazan en el vis-á-vis. Lejos se oye el piano. El Primo sale. Rosita queda llorando. Aparece el Tío que cruza la escena hacia el invernadero. Al ver a su Tío, Rosita coge el libro de las rosas que está al alcance de su mano.)

Tío — ¿Qué hacías?

Rosita — Nada.

Tío — ¿Estabas leyendo?

Rosita — Sí. (Sale el Tío leyendo.)
Cuando se abre en la mañana
roja como sangre está;
el rocío no la toca
porque se teme quemar.
Abierta en el mediodía
es dura como el coral,
el sol se asoma a los vidrios

para verla relumbrar.
Cuando en las ramas empiezan
los pájaros a cantar
y se desmaya la tarde
en las violetas del mar,
se pone blanca, con blanco
de una mejilla de sal,
y cuando toca la noche
blando cuerno de metal
y las estrellas avanzan
mientras los aires se van,
en la raya de lo oscuro
se comienza a deshojar.

Telón

Acto segundo

Salón de la casa de doña Rosita. Al fondo el jardín.

El señor X	Pues yo siempre seré de este siglo.
Tío	El siglo que acabamos de empezar será un siglo materialista.
El señor X	Pero de mucho más adelanto que el que se fue. Mi amigo, el señor Longoria, de Madrid, acaba de comprar un automóvil con el que se lanza a la fantástica velocidad de treinta kilómetros por hora; y el Sha de Persia, que por cierto es un hombre muy agradable, ha comprado también un Panhard Levasson de veinticuatro caballos.
Tío	Y digo yo: ¿adónde van con tanta prisa? Ya ve usted lo que ha pasado en la carrera París-Madrid, que ha habido que suspenderla, porque antes de llegar a Burdeos se mataron todos los corredores.
El señor X	El conde Zboronsky, muerto en el accidente, y Marcel Renault, o Renol, que de ambas maneras suele y puede decirse, muerto también en el accidente, son mártires de la ciencia que serán puestos en los altares el día en que venga la religión de lo positivo. A Renol lo conocí bastante. ¡Pobre Marcelo!
Tío	No me convencerá usted. (Se sienta.)
El señor X	(Con el pie puesto en la silla y jugando con el bastón.) Superlativamente; aunque un catedrático de Economía Política no puede discutir con un cultivador de rosas. Pero hoy día, créame usted, no

privan los quietismos ni las ideas «oscurantistas». Hoy día se abren camino un Juan Bautista Sal o Sé, que de ambas maneras suele y puede decirse, o un conde León Tolstuá, vulgo Tolstoi, tan galán en la forma como profundo en el concepto. Yo me siento en la polis viviente; no soy partidario de la natura naturata.

Tío — Cada uno vive como puede o como sabe en esta vida diaria.

El señor X — Está entendido, la Tierra es un planeta mediocre, pero hay que ayudar a la civilización. Si Santos Dumont, en vez de estudiar meteorología comparada, se hubiera dedicado a cuidar rosas, el aerostato dirigible estaría en el seno de Brahama.

El Tío — (Disgustado.) La botánica también es una ciencia.

El señor X — (Despectivo.) Sí, pero aplicada: para estudiar jugos de la anthemis olorosa, o el ruibarbo, a la enorme pulsátila, o el narcótico de la datura stramonium.

Tío — (Ingenuo.) ¿Le interesan a usted esas plantas?

El señor X — No tengo el suficiente volumen de experiencia sobre ellas. Me interesa la cultura, que es distinto. ¡Voilá! (Pausa.) ¿Y... Rosita?

Tío — ¿Rosita? (Pausa. En alta voz.) ¡Rosita...!

Voz — (Dentro.) No está.

Tío — No está.

El señor X	Lo siento.
Tío	Yo también. Como es su santo habrá salido a rezar los cuarenta credos.
El señor X	Le entrega usted de mi parte, este pendentif. Es una Torre Eiffel de nácar sobre dos palomas que llevan en sus picos la rueda de la industria.
Tío	Lo agradecerá mucho.
El señor X	Estuve por haberla traído un cañoncito de plata por cuyo agujero se veía la Virgen de Lurdes, o Lourdes, o una hebilla para el cinturón hecha con una serpiente y cuatro libélulas, pero preferí lo primero por ser de más gusto.
Tío	Gracias.
El señor X	Encantado de su favorable acogida.
Tío	Gracias.
El señor X	Póngame a los pies de su señora esposa.
Tío	Muchas gracias.
El señor X	Póngame a los pies de su encantadora sobrinita, a la que deseo venturas en su celebrado onomástico.
Tío	Mil gracias.
El señor X	Considéreme seguro servidor suyo.

Tío — Un millón de gracias.

El señor X — Vuelvo a repetir...

Tío — Gracias, gracias, gracias.

El señor X — Hasta siempre. (Se va.)

Tío — (A voces.) Gracias, gracias, gracias.

Ama — (Sale riendo.) No sé cómo tiene usted paciencia. Con este señor y con el otro, don Confucio Montes de Oca, bautizado en la logia número cuarenta y tres, va a arder la casa un día.

Tío — Te he dicho que no me gusta que escuches las conversaciones.

Ama — Eso se llama ser desagradecido. Estaba detrás de la puerta, sí señor, pero no era para oír, sino para poner una escoba boca arriba y que el señor se fuera.

Tía — ¿Se fue ya?

Tío — Ya. (Entra.)

Ama — ¿También éste pretende a Rosita?

Tía — Pero ¿por qué hablas de pretendientes? ¡No conoces a Rosita!

Ama — Pero conozco a los pretendientes.

Tía — Mi sobrina está comprometida.

Ama — No me haga usted hablar, no me haga usted hablar, no me haga usted hablar, no me haga usted hablar.

Tía — Pues cállate.

Ama — ¿A usted le parece bien que un hombre se vaya y deje ya quince años plantada a una mujer que es la flor de la manteca? Ella debe casarse. Ya me duelen las manos de guardar mantelerías de encaje de Marsella y juegos de cama adornados de guipure y caminos de mesa y cubrecamas de gasa con flores de realce. Es que ya debe usarlos y romperlos, pero ella no se da cuenta de cómo pasa el tiempo. Tendrá el pelo de plata y todavía estará cosiendo cintas de raso liberty en los volantes de su camisa de novia.

Tía — ¿Pero por qué te metes en lo que no te importa?

Ama — (Con asombro.) Pero si no me meto, es que estoy metida.

Tía — Yo estoy segura de que ella es feliz.

Ama — Se lo figura. Ayer me tuvo todo el día acompañándola en la puerta del circo, porque se empeñó en que uno de los titiriteros se parecía a su primo.

Tía — ¿Y se parecía realmente?

Ama — Era hermoso como un novicio cuando sale a cantar la primera misa, pero ya quisiera su sobrino tener aquel talle, aquel cuello de nácar y aquel bigote.

No se parecía nada. En la familia de ustedes no hay hombres guapos.

Tía — ¡Gracias, mujer!

Ama — Son todos bajos y un poquito caídos de hombros.

Tía — ¡Vaya!

Ama — Es la pura verdad, señora. Lo que pasó es que a Rosita le gustó el saltimbanqui, como me gustó a mí y como le gustaría a usted. Pero ella lo achaca todo al otro. A veces me gustaría tirarle un zapato a la cabeza. Porque de tanto mirar al cielo se le van a poner los ojos de vaca.

Tía — Bueno: y punto final. Bien está que la zafia hable, pero que no ladre.

Ama — No me echará usted en cara que no la quiero.

Tía — A veces me parece que no.

Ama — El pan me quitaría de la boca y la sangre de mis venas, si ella me los deseara.

Tía — (Fuerte.) ¡Pico de falsa miel! ¡Palabras!

Ama — (Fuerte.) ¡Y hechos! Lo tengo demostrado, ¡y hechos! La quiero más que usted.

Tía — Eso es mentira.

Ama — (Fuerte.) ¡Eso es verdad!

Tía — ¡No me levantes la voz!

Ama — (Alto.) Para eso tengo la campanilla de la lengua.

Tía — ¡Cállate, mal educada!

Ama — Cuarenta años llevo al lado de usted.

Tía — (Casi llorando.) ¡Queda usted despedida!

Ama — (Fortísimo.) ¡Gracias a Dios que la voy a perder de vista!

Tía — (Llorando.) ¡A la calle inmediatamente!

Ama — (Rompiendo a llorar.) ¡A la calle!

(Se dirige llorando a la puerta y al entrar se le cae un objeto. Las dos están llorando. Pausa.)

Tía — (Limpiándose las lágrimas y dulcemente.) ¿Qué se te ha caído?

Ama — (Llorando.) Un portatermómetro, estilo Luis XV.

Tía — ¿Sí?

Ama — Sí, señora. (Lloran.)

Tía — ¿A ver?

Ama — Para el santo de Rosita. (Se acerca.)

Tía (Sorbiendo.) Es una preciosidad.

Ama (Con voz de llanto.) En medio del terciopelo hay una fuente hecha con caracoles de verdad; sobre la fuente una glorieta de alambre con rosas verdes; el agua de la taza es un grupo de lentejuelas azules y el surtidor es el propio termómetro. Los charcos que hay alrededor están pintados al aceite y encima de ellos bebe un ruiseñor todo bordado con hilo de oro. Yo quise que tuviera cuerda y cantara, pero no pudo ser.

Tía No pudo ser.

Ama Pero no hace falta que cante. En el jardín los tenemos vivos.

Tía Es verdad. (Pausa.) ¿Para qué te has metido en esto?

Ama (Llorando.) Yo doy todo lo que tengo por Rosita.

Tía ¡Es que tú la quieres como nadie!

Ama Pero después que usted.

Tía No. Tú le has dado tu sangre.

Ama Usted le ha sacrificado su vida.

Tía Pero yo lo he hecho por deber y tú por generosidad.

Ama (Más fuerte.) ¡No diga usted eso!

Tía Tú has demostrado quererla más que nadie.

Ama Yo he hecho lo que haría cualquiera en mi caso. Una criada. Ustedes me pagan y yo sirvo.

Tía Siempre te hemos considerado como de la familia.

Ama Una humilde criada que da lo que tiene y nada más.

Tía ¿Pero me vas a decir que nada más?

Ama ¿Y soy otra cosa?

Tía (Irritada.) Eso no lo puedes decir aquí. Me voy por no oírte.

Ama (Irritada.) Y yo también.

(Salen rápidas unas por cada puerta. Al salir la Tía se tropieza con el Tío.)

Tío De tanto vivir juntas, los encajes se os hacen espinas.

Tía Es que quiere salirse siempre con la suya.

Tío No me expliques, ya me lo sé todo de memoria... Y sin embargo no puedes estar sin ella. Ayer oí cómo le explicabas con todo detalle nuestra cuenta corriente en el Banco. No te sabes quedar en tu sitio. No me parece conversación lo más a propósito para una criada.

Tía Ella no es una criada.

Tío (Con dulzura.) Basta, basta, no quiero llevarte la contraria.

Tía ¿Pero es que conmigo no se puede hablar?

Tío Se puede, pero yo prefiero callarme.

Tía Aunque te quedes con tus palabras de reproche.

Tío ¿Para qué voy a decir nada a estas alturas? Por no discutir soy capaz de hacerme la cama, de limpiar mis trajes con jabón de palo y cambiar las alfombras de mi habitación.

Tía No es justo que te des ese aire de hombre superior y mal servido, cuando todo en esta casa está supeditado a tu comodidad y a tus gustos.

Tío (Dulce.) Al contrario, hija.

Tía (Seria.) Completamente. En vez de hacer encajes, podo las plantas. ¿Qué haces tú por mí?

Tío Perdona. Llega un momento en que las personas que viven juntas muchos años hacen motivo de disgusto y de inquietud las cosas más pequeñas, para poner intensidad y afanes en lo que está definitivamente muerto. Con veinte años no teníamos estas conversaciones.

Tía No. Con veinte años se rompían los cristales...

Tío Y el frío era un juguete en nuestras manos.

(Aparece Rosita. Viene vestida de rosa. Ya la moda ha cambiado de mangas de jamón a 1900. Falda en forma de campanela. Atraviesa la escena, rápida, con unas tijeras en la mano. En el centro, se para.)

Rosita ¿Ha llegado el cartero?

Tío ¿Ha llegado?

Tía No sé. (A voces.) ¿Ha llegado el cartero? (Pausa.) No, todavía, no.

Rosita Siempre pasa a estas horas.

Tío Hace rato debió llegar.

Tía Es que muchas veces se entretiene.

Rosita El otro día me lo encontré jugando al uni-uni-dolidoli con tres chicos y todo el montón de cartas en el suelo.

Tía Ya vendrá.

Rosita Avisadme. (Sale rápida.)

Tío ¿Pero dónde vas con esas tijeras?

Rosita Voy a cortar unas rosas.

Tío (Asombrado.) ¿Cómo? ¿Y quién te ha dado permiso?

Tía Yo. Es el día de su santo.

Rosita — Quiero poner en las jardineras y en el florero de la entrada.

Tío — Cada vez que cortáis una rosa es como si me cortaseis un dedo. Ya se que es igual. (Mirando a su Mujer.) No quiero discutir. Sé que duran poco. (Entra el Ama.) Así lo dice el vals de las rosas, que es una de las composiciones más bonitas de estos tiempos, pero no puedo reprimir el disgusto que me produce verlas en los búcaros. (Sale de escena.)

Rosita — (Al Ama.) ¿Vino el correo?

Ama — Pues para lo único que sirven las rosas es para adornar las habitaciones.

Rosita — (Irritada.) Te he preguntado si ha venido el correo.

Ama — (Irritada.) ¿Es que me guardo yo las cartas cuando vienen?

Tía — Anda, corta las flores.

Rosita — Para todo hay en esta casa una gotita de acíbar.

Ama — Nos encontramos el rejalgar por los rincones.

(Sale de escena.)

Tía — ¿Estás contenta?

Rosita — No sé.

Tía — ¿Y eso?

Rosita	Cuando no veo a la gente estoy contenta, pero como la tengo que ver...
Tía	¡Claro! No me gusta la vida que llevas. Tu novio no te exige que seas hurona. Siempre me dice en las cartas que salgas.
Rosita	Pero es que en la calle noto cómo pasa el tiempo y no quiero perder las ilusiones. Ya han hecho otra casa nueva en la placeta. No quiero enterarme de cómo pasa el tiempo.
Tía	¡Claro! Muchas veces te he aconsejado que escribas a tu primo y te cases aquí con otro. Tú eres alegre. Yo sé que hay muchachos y hombres maduros enamorados de ti.
Rosita	¡Pero tía! Tengo las raíces muy hondas, muy bien hincadas en mi sentimiento. Si no viera a la gente, me creería que hace una semana que se marchó. Yo espero como el primer día. Además, ¿qué es un año, ni dos, ni cinco? (Suena una campanilla.) El correo.
Tía	¿Qué te habrá mandado?
Ama	(Entrando en escena.) Ahí están las solteronas cursilonas.
Tía	¡María Santísima!
Rosita	Que pasen.

Ama — La madre y las tres niñas. Lujo por fuera y para la boca unas malas migas de maíz. ¡Qué azotazo en el... les daba...! (Sale de escena. Entran las tres Cursilonas y su Mamá. Las tres Solteronas vienen con inmensos sombreros de plumas malas, trajes exageradisimos, guantes hasta el codo con pulseras encima y abanicos pendientes de largas cadenas. La Madre viste de negro pardo con un sombrero de viejas cintas moradas.)

Madre — Felicidades. (Se besan.)

Rosita — Gracias. (Besa a las Solteronas.) ¡Amor! ¡Caridad! ¡Clemencia!

Soltera 1 — Felicidades.

Soltera 2 — Felicidades.

Soltera 3 — Felicidades.

Tía — (A la Madre.) ¿Cómo van esos pies?

Madre — Cada vez peor. Si no fuera por éstas, estaría siempre en casa. (Se sientan.)

Tía — ¿No se da usted las friegas con alhucemas?

Soltera 1 — Todas las noches.

Soltera 1 — Y el cocimiento de malvas.

Tía — No hay reuma que resista. (Pausa.)

Madre ¿Y su esposo?

Tía Está bien, gracias. (Pausa.)

Madre Con sus rosas.

Tía Con sus rosas.

Soltera 1 ¡Qué bonitas son las flores!

Soltera 1 Nosotras tenemos en una maceta un rosal de San Francisco.

Rosita Pero las rosas de San Francisco no huelen.

Soltera 1 Muy poco.

Madre A mí lo que más me gusta son las celindas.

Soltera 1 Las violetas son también preciosas. (Pausa.)

Madre Niñas, ¿habéis traído la tarjeta?

Soltera 1 Sí. Es una niña vestida de rosa, que al mismo tiempo es barómetro. El fraile con la capucha está ya muy visto. Según la humedad, las faldas de la niña, que son de papel finísimo, se abren o se cierran.

Rosita (Leyendo.)

Una mañana en el campo
cantaban los ruiseñores
y en su cántico decían:
Rosita, de las mejores.

¿Para qué se han molestado ustedes?

Tía — Es de mucho gusto.

Madre — ¡Gusto no me falta, lo que me falta es dinero!

Soltera 1 — ¡Mamá...!

Soltera 1 — ¡Mamá...!

Soltera 1 — ¡Mamá...!

Madre — Hijas, aquí tengo confianza. No nos oye nadie. Pero usted lo sabe muy bien: desde que faltó mi pobre marido hago verdaderos milagros para administrar la pensión que nos queda. Todavía me parece oír al padre de estas hijas, cuando, generoso y caballero como era, me decía: «Enriqueta, gasta, gasta, que ya gano setenta duros»; ¡pero aquellos tiempos pasaron! A pesar de todo, nosotras no hemos descendido de clase. ¡Y qué angustias he pasado, señora, para que esta hijas puedan seguir usando sombrero! ¡Cuántas lágrimas, cuántas tristezas, por una cinta o un grupo de bucles! Esas plumas y esos alambres me tienen costado muchas noches en vela.

Soltera 1 — ¡Mamá!...

Madre — Es la verdad, hija mía. No nos podemos extralimitar lo más mínimo. Muchas veces les pregunto: «¿Qué queréis, hijas de mi alma: huevo en el almuerzo o silla en el paseo?». Y ellas me responden las tres a la vez: «sillas».

Soltera 1 — Mamá, no comentes más esto. Todo Granada lo sabe.

Madre — Claro, ¿qué van a contestar? Y allá nos vamos con unas patatas y un racimo de uvas, pero con capa de mongolia o sombrilla pintada o blusa de popelinette, con todos los detalles. Porque no hay más remedio. ¡Pero a mí me cuesta la vida! Y se me llenan los ojos de lágrimas cuando las veo alternar con las que pueden.

Soltera 1 — ¿No vas ahora a la Alameda, Rosita?

Rosita — No.

Soltera 1 — Allí nos reunimos siempre con las de Ponce de León, con las de Herrasti y con las de la Baronesa de Santa Matilde de la Bendición Papal. Lo mejor de Granada.

Madre — ¡Claro! Estuvieron juntas en el Colegio de la Puerta del Cielo. (Pausa.)

Tía — (Levantándose.) Tomarán ustedes algo. (Se levantan todas.)

Madre — No hay manos como las de usted para el piñonate y el pastel de gloria.

Soltera 1 — (A Rosita.) ¿Tienes noticias?

Rosita — El último correo me prometía novedades. Veremos a ver éste.

Soltera 1 — ¿Has terminado el juego de encaje valenciennes?

Rosita — ¡Toma! Ya le hecho otro de nansú con mariposas a la aguada.

Soltera 1 — El día que te cases vas a llevar el mejor ajuar del mundo.

Rosita — ¡Ay, yo pienso que todo es poco! Dicen que los hombres se cansan de una si la ven siempre con el mismo vestido.

Ama — (Entrando.) Ahí están las de Ayola, el fotógrafo.

Tía — Las señoritas de Ayola, querrás decir.

Ama — Ahí están las señoronas por todo lo alto de Ayola, fotógrafo de Su Majestad y medalla de oro en la exposición de Madrid. (Sale.)

Tía — Hay que aguantarla; pero a veces me crispa los nervios. (Las Solteronas están con Rosita viendo unos paños.) Están imposibles.

Madre — Envalentonadas. Yo tengo una muchacha que nos arregla el piso por las tardes; ganaba lo que han ganado siempre: una peseta al mes y las sobras, que ya está bien en estos tiempos; pues el otro día se nos descolgó diciendo que quería un duro, ¡y yo no puedo!

Tía — No sé dónde vamos a parar. (Entran las Niñas de Ayola que saludan a Rosita con alegría. Vienen con la moda exageradisima de la época y ricamente vestidas.)

Rosita ¿No se conocen ustedes?

Ayola 1 De vista.

Rosita Las señoritas de Ayola, la señora y señoritas de Escarpini.

Ayola 2 Ya las vemos sentadas en sus sillas del paseo. (Disimulan la risa.)

Rosita Tomen asiento. (Se sientan las Solteronas.)

Tía (A las de Ayola.) ¿Queréis un dulcecito?

Ayola 2 No; hemos comido hace poco. Por cierto que yo tomé cuatro huevos con picadillo de tomate, y casi no me podía levantar de la silla.

Ayola 1 ¡Qué graciosa! (Ríen. Pausa. Las Ayolas inician una risa incontenible que se comunica a Rosita que hace esfuerzos por contenerlas. Las Cursilonas y su Madre están serias. Pausa.)

Tía ¡Qué criaturas!

Madre ¡La juventud!

Tía Es la edad dichosa.

Rosita (Andando por la escena como arreglando cosas.) Por favor, callarse. (Se callan.)

Tía (A Solterona 3.) ¿Y ese piano?

Soltera 1 — Ahora estudio poco. Tengo muchas labores que hacer.

Rosita — Hace mucho tiempo que no te he oído.

Madre — Si no fuera por mí, ya se le habrían engarabitado los dedos. Pero siempre estoy con el tole tole.

Soltera 1 — Desde que murió el pobre papá no tiene ganas. ¡Cómo a él le gustaba tanto!

Soltera 1 — Me acuerdo que algunas veces se le caían las lágrimas.

Soltera 1 — Cuando tocaba la tarantela de Popper.

Soltera 1 — Y la plegaria de la Virgen.

Madre — ¡Tenía mucho corazón! (Las Ayolas, que han estado conteniendo la risa, rompen a reír en grandes carcajadas. Rosita vuelta de espaldas a las Solteronas ríe también, pero se domina.)

Tía — ¡Qué chiquillas!

Ayola 1 — Nos reímos porque antes de entrar aquí...

Ayola 2 — Tropezó ésta y estuvo a punto de dar la vuelta de campana...

Ayola 1 — Y yo... (Ríen. Las Solteronas inician una leve risa fingida con un matiz cansado y triste.)

Madre ¡Ya nos vamos!

Tía De ninguna manera.

Rosita (A todas.) ¡Pues celebremos que no te hayas caído! Ama, trae los huesos de Santa Catalina.

Soltera 1 ¡Qué ricos son!

Madre El año pasado nos regalaron a nosotras medio kilo. (Entra el Ama con los huesos.)

Ama Bocados para gente fina. (A Rosita.) Ya viene el correo por los Alamillos.

Rosita ¡Espéralo en la puerta!

Ayola 1 Yo no quiero comer. Prefiero una palomilla de anís.

Ayola 2 Y yo de agraz.

Rosita ¡Tú siempre tan borrachilla!

Ayola 1 Cuando yo tenía seis años venía aquí y el novio de Rosita me acostumbró a beberlas. ¿No recuerdas, Rosita?

Rosita (Seria.) ¡No!

Ayola 2 A mí, Rosita y su novio me enseñaban las letras B-C-D... ¿Cuánto tiempo hace de esto?

Tía ¡Quince años!

Ayola 1 — A mí, casi, casi se me ha olvidado la cara de tu novio.

Ayola 2 — ¿No tenía una cicatriz en el labio?

Rosita — ¿Una cicatriz? Tía, ¿tenía una cicatriz?

Tía — ¿Pero no te acuerdas, hija? Era lo único que le afeaba un poco.

Rosita — Pero no era una cicatriz, era una quemadura, un poquito rosada. Las cicatrices son hondas.

Ayola 1 — ¡Tengo una gana de que Rosita se case!

Rosita — ¡Por Dios!

Ayola 2 — Nada de tonterías. ¡Yo también!

Rosita — ¿Por qué?

Ayola 1 — Para ir a una boda. En cuanto yo pueda me caso.

Tía — ¡Niña!

Ayola 1 — Con quien sea, pero no me quiero quedar soltera.

Ayola 2 — Yo pienso igual.

Tía — (A la Madre.) ¿Qué le parece a usted?

Ayola 1 — ¡Ah! ¡Y si soy amiga de Rosita es porque se que tiene novio! Las mujeres sin novio están pochas, recocidas y todas ellas... (Al ver a las Solteronas.) bueno, todas no, algunas de ellas... En fin, ¡todas están rabiadas!

Tía	¡Ea! Ya está bien.
Madre	Déjela.
Soltera 1	Hay muchas que no se casan porque no quieren.
Ayola 2	Eso no lo creo yo.
Soltera 1	(Con intención.) Lo sé muy cierto.
Ayola 2	La que no se quiere casar, deja de echarse polvos y ponerse postizos debajo de la pechera, y no se está día y noche en las barandillas del balcón, atisbando la gente.
Soltera 1	¡Le puede gustar tomar el aire!
Rosita	Pero ¡qué discusión más tonta! (Ríen forzosamente.)
Tía	Bueno. ¿Por qué no tocamos un poquito?
Madre	¡Anda niña!
Soltera 1	(Levantándose.) Pero ¿qué toco?
Ayola 2	Toca: «¡Viva Frascuelo!».
Soltera 1	La barcarola de «La fragata Numancia».
Rosita	¿Y por qué no: «Lo que dicen las flores»?

Madre	¡Ah, sí, «Lo que dicen las flores»! (A la Tía.) ¿No la ha oído usted? Habla, y toca al mismo tiempo. ¡Una preciosidad!
Soltera 1	También puedo decir: «Volverán las oscuras golondrinas, de tu balcón los nidos a colgar».
Ayola 1	Eso es muy triste.
Soltera 1	Lo triste es bonito también.
Tía	¡Vamos! ¡Vamos!
Soltera 1	(En el piano.) Madre, llévame a los campos con la luz de la mañana a ver abrirse las flores cuando se mecen las ramas. Mil flores dicen mil cosas para mil enamoradas, y la fuente está contando lo que el ruiseñor se calla.
Rosita	Abierta estaba la rosa con la luz de la mañana; tan roja de sangre tierna, que el rocío se alejaba; tan caliente sobre el tallo, que la brisa se quemaba; ¡tan alta! ¡cómo reluce! ¡Abierta estaba!
Soltera 1	Sólo en ti pongo mis ojos

-el heliotropo expresaba
«No te querré mientras viva»,
dice la flor de la albahaca.
«Soy tímida», la violeta.
«Soy fría», la rosa blanca.
Dice el jazmín: «Seré fiel»,
y el clavel: « ¡Apasionada! ».

Soltera 1 — El jacinto es la amargura;
el dolor, la pasionaria;

Soltera 1 — el jaramago, el desprecio
y los lirios, la esperanza.

Tía — Dice el nardo: «Soy tu amigo»,
«Creo en ti», la pasionaria.
La madreselva te mece,
la siempreviva te mata.

Madre — Siempreviva de la muerte,
flor de las manos cruzadas;
¡qué bien estás cuando el aire
llora sobre tu guirnalda!

Rosita — Abierta estaba la rosa,
pero la tarde llegaba,
y un rumor de nieve triste
le fue pesando las ramas;
cuando la sombra volvía,
cuando el ruiseñor cantaba,
como una muerta de pena
se puso transida y blanca,
y cuando la noche, grande
cuerno de metal sonaba

y los vientos enlazados
dormían en la montaña,
se deshojó suspirando
por los cristales del alba.

Soltera 1 — Sobre tu largo cabello
gimen las flores cortadas.
Unas llevan puñalitos,
otras fuego y otras agua.

Soltera 1 — Las flores tienen su lengua
para las enamoradas.

Rosita — Son celos el carambuco;
desdén esquivo la dalia;
suspiros de amor el nardo,
risa la gala de Francia.
Las amarillas son odio;
el furor, las encarnadas;
las blancas son casamiento
y las azules, mortaja.

Soltera 1 — Madre, llévame a los campos
con la luz de la mañana
a ver abrirse las flores
cuando se mecen las ramas.

(El piano hace la última escala y se para.)

Tía — ¡Ay, qué preciosidad!

Madre — Saben también el lenguaje del abanico, el lenguaje de los guantes, el lenguaje de los sellos y el lenguaje

de las horas. A mí se me pone la carne de gallina cuando dicen aquello:
Las doce dan sobre el mundo
con horrísono rigor;
de la hora de tu muerte
acuérdate, pecador.

Ayola 1 (Con la boca llena de dulce.) ¡Qué cosa más fea!

Madre Y cuando dicen:
A la una nacemos
La ra la, la,
y este nacer,
la, la, ran,
es como abrir los ojos,
lan,
en un vergel,
vergel, vergel.

Ayola 2 (A su Hermana.) Me parece que la vieja ha empinado el codo. (A la Madre.) ¿Quiere otra copita?

Madre Con sumo gusto y fina voluntad, como se decía en mi época.

(Rosita ha estado espiando la llegada del correo.)

Ama ¡El correo! (Algazara general.)

Tía Y ha llegado justo.

Soltera 3 Ha tenido que contar los días para que llegue hoy.

Madre ¡Es una fineza!

Ayola 2 ¡Abre la carta!

Ayola 1 Más discreto es que la leas tú sola, porque a lo mejor te dice algo verde.

Madre ¡Jesús!

(Sale Rosita con la carta.)

Ayola 1 Una carta de un novio no es un devocionario.

Soltera 1 Es un devocionario de amor.

Ayola 2 ¡Ay, qué finoda! (Ríen las Ayolas.)

Ayola 1 Se conoce que no ha recibido ninguna.

Madre (Fuerte.) ¡Afortunadamente para ella!

Ayola 1 Con su pan se lo coma.

Tía (Al Ama que va a entrar con Rosita.) ¿Dónde vas tú?

Ama ¿Es que no puedo dar un paso?

Tía ¡Déjala a ella!

Rosita (Saliendo.) ¡Tía! ¡Tía!

Tía Hija, ¿qué pasa?

Rosita (Con agitación.) ¡Ay, tía!

Ayola 1 ¿Qué?

Soltera 1 ¡Dinos!

Ayola 3 ¿Qué?

Ama ¡Habla!

Tía ¡Rompe!

Madre ¡Un vaso de agua!

Ayola 2 ¡Venga!

Ayola ? Pronto. (Algazara.)

Rosita (Con voz ahogada.) Que se casa... (Espanto en todos.) Que se casa conmigo, porque ya no puede más, pero que...

Ayola 2 (Abrazándola.) ¡Ole! ¡Qué alegría!

Ayola 1 ¡Un abrazo!

Tía Dejadla hablar.

Rosita (Más calmada.) Pero como le es imposible venir por ahora, la boda será por poderes y luego vendrá él.

Soltera 1 ¡Enhorabuena!

Madre (Casi llorando.) ¡Dios te haga lo feliz que mereces. (La abraza.)

Ama	Bueno, y «poderes», ¿qué es?
Rosita	Nada. Una persona representa al novio en la ceremonia.
Ama	¿Y qué más?
Rosita	¡Que está una casada!
Ama	Y por la noche, ¿qué?
Rosita	¡Por Dios!
Ayola 1	Muy bien dicho. Y por la noche, ¿qué?
Tía	¡Niñas!
Ama	¡Que venga en persona y se case! ¡«Poderes»! No lo he oído decir nunca. La cama y sus pinturas, temblando de frío, y la camisa de novia en lo más oscuro del baúl. Señora, no deje usted que los «Poderes» entren en esta casa. (Ríen todos.) ¡Señora, que yo no quiero «poderes»!
Rosita	Pero él vendrá pronto. ¡Esto es una prueba más de lo que me quiere!
Ama	¡Eso! ¡Que venga! y que te coja del brazo y que menee el azúcar de tu café y lo pruebe antes a ver si quema. (Risas. Aparece el Tío con una rosa.)
Rosita	¡Tío!

Tío

¡Lo he oído todo, y casi sin darme cuenta he cortado la única rosa mudable que tenía en mi invernadero! Todavía estaba roja, abierta en el mediodía es roja como el coral.

Rosita

El sol se asoma a los vidrios
para verla relumbrar.

Tío

Si hubiera tardado dos horas más en cortarla, te la hubiese dado blanca.

Rosita

Blanca como la paloma,
como la risa del mar;
blanca con el blanco frío
de una mejilla de sal.

Tío

Pero todavía, todavía tiene la brasa de su juventud.

Tía

Bebe conmigo una copita, hombre. Hoy es día de que lo hagas.

(Algazara. La Solterona 3 se sienta al piano y toca una polka. Rosita está mirando la rosa. La Solterona 2 y 1 bailan con las Ayolas ycantan.)

Porque mujer te vi,
a la orilla del mar,
tu dulce languidez
me hacía suspirar,
y aquel dulzor sutil
de mi ilusión fatal
a la luz de la luna
lo viste naufragar.

(La Tía y el Tío bailan. Rosita se dirige a la pareja Soltera 2.a y Ayola. Baila con la Soltera. La Ayola bate palmas al ver a los viejos y el Ama al entrar hace el mismo juego.)

Telón

Acto tercero

Sala baja de ventanas con persianas verdes que dan al jardín del Carmen. Hay un silencio en la escena. Un reloj da las seis de la tarde. Cruza la escena el Ama con un cajón y una maleta. Han pasado diez años. Aparece la Tía y se sienta en una silla baja, en el centro de la escena. Silencio. El reloj vuelve a dar las seis. Pausa.

Ama — (Entrando.) La repetición de las seis.

Tía — ¿Y la niña?

Ama — Arriba, en la torre. Y usted, ¿dónde estaba?

Tía — Quitando las últimas macetas del invernadero.

Ama — No la he visto en toda la mañana.

Tía — Desde que murió mi marido está la casa tan vacía que parece el doble de grande, y hasta tenemos que buscarnos. Algunas noches, cuando toso en mi cuarto, oigo un eco como si estuviera en una iglesia.

Ama — Es verdad que la casa resulta demasiado grande.

Tía — Y luego... si él viviera, con aquella claridad que tenía, con aquel talento... (Casi llorando.)

Ama — (Cantando.) Lan-lan-van-lan-lan... No, señora, llorar no lo consiento. Hace ya seis años que murió y no quiero que esté usted como el primer día. ¡Bastante lo hemos llorado! ¡A pisar firme, señora! ¡Salga el sol por las esquinas! ¡Que nos espere muchos años todavía cortando rosas!

Tía	(Levantándose.) Estoy muy viejecita, ama. Tenemos encima una ruina muy grande.
Ama	No nos faltará. ¡También yo estoy vieja!
Tía	¡Ojalá tuviera yo tus años!
Ama	Nos llevamos poco, pero como yo he trabajado mucho, estoy engrasada, y usted, a fuerza de poltrona, se le han engarabitado las piernas.
Tía	¿Es que te parece que yo no he trabajado?
Ama	Con las puntillas de los dedos, con hilos, con tallos, con confituras; en cambio yo he trabajado con las espaldas, con las rodillas, con las uñas.
Tía	Entonces, gobernar una casa ¿no es trabajar?
Ama	Es mucho más difícil fregar sus suelos.
Tía	No quiero discutir.
Ama	¿Y por qué no? Así pasamos el rato. Ande. Replíqueme. Pero nos hemos quedado mudas. Antes se daban voces. Que si esto, que si lo otro, que si las natillas, que si no planches más.
Tía	Yo ya estoy entregada... y un día sopas, otro día migas, mi vasito de agua y mi rosario en el bolsillo, esperaría la muerte con dignidad... ¡pero cuando pienso en Rosita!
Ama	¡Ésa es la llaga!

Tía | (Enardecida.) Cuando pienso en la mala acción que le han hecho y en el terrible engaño mantenido y en la falsedad del corazón de ese hombre, que no es de mi familia ni merece ser de mi familia, quisiera tener veinte años para tomar un vapor y llegar a Tucumán y coger un látigo...

Ama | (Interrumpiéndola.) ... y coger una espada y cortarle la cabeza y machacársela con dos piedras y cortarle la mano del falso juramento y las mentirosas escrituras de cariño.

Tía | Sí, sí; que pagara con sangre lo que sangre ha costado, aunque toda sea sangre mía, y después...

Ama | ... aventar las cenizas sobre el mar.

Tía | Resucitarlo y traerlo con Rosita para respirar satisfecha con la honra de los míos.

Ama | Ahora me dará usted la razón.

Tía | Te la doy.

Ama | Allí encontró la rica que iba buscando y se casó, pero debió decirlo a tiempo. Porque, ¿quién quiere ya a esta mujer? ¡Ya está pasada! Señora: ¿y no le podríamos mandar una carta envenenada, que se muriera de repente al recibirla?

Tía | ¡Qué cosas! Ocho años lleva de matrimonio, y hasta el mes pasado no me escribió el canalla la verdad. Yo notaba algo en las cartas; los poderes que no venían, un aire dudoso..., no se atrevía, pero al fin lo hizo. ¡Claro, que después que su padre murió! Y esta criatura...

Ama ¡Chist...!

Tía Y recoge las dos orzas.

(Aparece Rosita. Viene vestida de un rosa claro con moda del rgzo. Entra peinada de bucles. Está muy avejentada.)

Ama ¡Niña!

Rosita ¿Qué hacéis?

Ama Criticando un poquito. Y tú, ¿dónde vas?

Rosita Voy al invernadero. ¿Se llevaron ya las macetas?

Tía Quedan unas pocas.

(Sale Rosita. Se limpian las lágrimas las dos Mujeres.)

Ama ¿Y ya está? ¿Usted sentada y yo sentada? ¿Y a morir tocan? ¿Y no hay ley? ¿Y no hay gábilos para hacerlo polvo?...

Tía Calla, ¡no sigas!

Ama Yo no tengo genio para aguantar estas cosas sin que el corazón me corra por todo el pecho como si fuera un perro perseguido. Cuando yo enterré a mi marido lo sentí mucho, pero tenía en el fondo una gran alegría..., alegría no..., golpetazos de ver que la enterrada no era yo. Cuando enterré a mi niña... ¿me entiende usted?, cuando enterré a mi niña fue como si me pisotearan las entrañas, pero los muertos son muertos. Están muertos, vamos a llorar, se cierra la puerta, ¡y a vivir! Pero esto de mi Rosita es lo peor. Es querer y no encontrar el cuerpo; es llorar y no saber por quién se llora, es suspirar por alguien que uno sabe que no se merece los suspiros. Es una herida abierta que mana, sin parar, un hilito de sangre y no hay nadie, nadie del mundo, que traiga los algodones, las vendas o el precioso terrón de nieve.

Tía — ¿Qué quieres que yo haga?

Ama — Que nos lleve el río.

Tía — A la vejez todo se nos vuelve de espaldas.

Ama — Mientras yo tenga brazos nada le faltará.

Tía — (Pausa. Muy bajo como con vergüenza.) Ama, ¡ya no puedo pagar tus mensualidades! Tendrás que abandonarnos.

Ama — ¡Huuuy! ¡Qué airazo entra por las ventanas! ¡Huuuuy...! ¿O será que me estoy volviendo sorda? Pues... ¿y las ganas que me entran de cantar? ¡Como los niños que salen del colegio! (Se oyen voces infantiles.) ¿Lo oye usted, señora? Mi señora, más señora que nunca. (La abraza.)

Tía — Oye.

Ama — Voy a guisar. Una cazuela de jureles perfumada con hinojos.

Tía — ¡Escucha!

Ama — ¡Y un monte nevado! Le voy a hacer un monte nevado con grajeas de colores...

Tía — ¡Pero mujer!...

Ama — (A voces.) ¡Digo!... ¡Si está aquí don Martín! Don Martín, ¡adelante! ¡Vamos! Entretenga un poco a la señora.

(Sale rápida. Entra don Martín. Es un viejo con el pelo rojo. Lleva una muleta con la que sostiene una pierna encogida. Tipo noble, de gran dignidad, con un aire de tristeza definitiva.)

Tía — ¡Dichosos los ojos!

Martín — ¿Cuándo es la arrancada definitiva?

Tía — Hoy.

Martín — ¡Qué se le va a hacer!

Tía — La nueva casa no es esto. Pero tiene buenas vistas y un patinillo con dos higueras donde se pueden tener flores.

Martín — Más vale así. (Se sientan.)

Tía — ¿Y usted?

Martín — Mi vida de siempre. Vengo de explicar mi clase de Preceptiva. Un verdadero infierno. Era una lección preciosa: «Concepto y definición de la Harmonía», pero a los niños no les interesa nada. ¡Y qué niños! A mí, como me ven inútil, me respetan un poquito; alguna vez un alfiler que otro en el asiento, o un muñequito en la espalda, pero a mis compañeros les hacen cosas horribles. Son los niños de los ricos y, como pagan, no se les puede castigar. Así nos dice siempre el Director. Ayer se empeñaron en que el pobre señor Canito, profesor nuevo de Geografía, llevaba corsé; porque tiene un cuerpo algo retrepado, y cuando estaba solo en el patio, se reunieron los grandullones y los internos, lo desnudaron de cintura para arriba, lo ataron a una de las columnas del corredor y le arrojaron, desde el balcón, un jarro de agua.

Tía — ¡Pobre criatura!

Martín — Todos los días entro temblando en el colegio esperando lo que van a hacerme, aunque, como digo, respetan algo mi desgracia. Hace un rato tenían un escándalo enorme, porque el señor Consuegra, que explica latín admirablemente, había encontrado un excremento de gato sobre su lista de clase.

Tía — ¡Son el enemigo!

Martín — Son los que pagan y vivimos con ellos. Y, créame usted, que los padres se ríen de las infamias, porque como somos los pasantes y no les vamos a examinar los hijos, nos consideran como hombres sin sentimiento, como a personas situadas en el último escalón de gente que lleva todavía corbata y cuello planchado.

Tía — ¡Ay, don Martín! ¡Qué mundo éste!

Martín — ¡Qué mundo! Yo soñaba siempre ser poeta. Me dieron una flor natural y escribí un drama que nunca se pudo representar.

Tía — ¿La hija del Jefté?

Martín — ¡Eso es!

Tía — Rosita y yo lo hemos leído. Usted nos lo prestó. ¡Lo hemos leído cuatro o cinco veces!

Martín — (Con ansia.) Y ¿qué...?

Tía — Me gustó mucho. Se lo he dicho siempre. Sobre todo cuando ella va a morir y se acuerda de su madre y la llama.

Martín — Es fuerte, ¿verdad? Un drama verdadero. Un drama de contorno y de concepto. Nunca se pudo representar. (Rompiendo a recitar.)

¡Oh madre excelsa! Torna tu mirada
a la que en vil sopor rendida yace;
¡recibe tú las fúlgidas preseas
y el hórrido estertor de mi combate!

¿Y es que esto está mal? ¿Y es que no suena bien de acento y de cesura este verso: «y el hórrido estertor de mi combate»?...

Tía	¡Precioso!¡Precioso!
Martín	Y cuando Glucinio se va a encontrar con Isaías y levanta el tapiz de la tienda...
Ama	(Interrumpiéndole.) Por aquí. (Entran dos Obreros vestidos con trajes de pana.)
Obrero I	Buenas tardes.
Martín y Tía	(Juntos.) Buenas tardes.
Ama	¡Ése es! (Señala un diván grande que hay al fondo de la habitación. Los Hombres lo sacan lentamente como si sacaran un ataúd. El Ama los sigue. Silencio. Se oyen dos campanadas mientras salen los Hombres con el diván.)
Martín	¿Es la Novena de Santa Gertrudis la Magna?
Tía	Sí, en San Antón.
Martín	¡Es muy difícil ser poeta! (Salen los Hombres.) Después quise ser farmacéutico. Es una vida tranquila.
Tía	Mi hermano, que en gloria esté, era farmacéutico.
Martín	Pero no pude. Tenía que ayudar a mi madre, y me hice profesor. Por eso envidiaba yo tanto a su marido. Él fue lo que quiso.
Tía	¡Y le costó la ruina!
Martín	Sí, pero es peor esto mío.

Tía	Pero usted sigue escribiendo.
Martín	No sé porque escribo, porque no tengo ilusión, pero sin embargo es lo único que me gusta. ¿Leyó usted mi cuento de ayer en el segundo número de Mentalidad granadina?
Tía	¿«El cumpleaños de Matilde»? Sí, lo leímos: una preciosidad.
Martín	¿Verdad que sí? Ahí he querido renovarme haciendo una cosa de ambiente actual; ¡hasta hablo de un aeroplano! Verdad es que hay que modernizarse. Claro que lo que más me gusta a mí son mis sonetos.
Tía	¡A las nueve musas del Parnaso!
Martín	A las diez, a las diez. ¿No se acuerda usted que nombré décima musa a Rosita?
Ama	(Entrando.) Señora, ayúdeme usted a doblar esta sábana. (Se ponen a doblarla entre las dos.) ¡Don Martín con su pelito rojo! ¿Por qué no se casó, hombre de Dios? ¡No estaría tan solo en esta vida!
Martín	¡No me han querido!
Ama	Es que ya no hay gusto. ¡Con la manera de hablar tan preciosa que tiene usted!
Tía	¡A ver si lo vas a enamorar!
Martín	¡Que pruebe!

Ama — Cuando él explica en la sala baja del colegio, yo voy a la carbonería para oírlo ¿«Qué es idea»? «La representación intelectual de una cosa o un objeto.» ¿No es así?

Martín — ¡Mírenla! ¡Mírenla!

Ama — Ayer decía a voces: «No; ahí hay hipérbaton» y luego... «el epinicio»... A mí me gustaría entender, pero como no entiendo me dan ganas de reír, y el carbonero que siempre está leyendo un libro que se llama: Las ruinas de Palmira, me echa unas miradas como si fueran dos gatos rabiosos. Pero aunque me ría, como ignorante, comprendo que don Martín tiene mucho mérito.

Martín — No se le da hoy mérito a la Retórica y Poética, ni a la cultura universitaria.

(Sale el Ama rápida con la sábana doblada.)

Tía — ¡Qué le vamos a hacer! Ya nos queda poco tiempo en este teatro.

Martín — Y hay que emplearlo en la bondad y en el sacrificio. (Se oyen voces.)

Tía — ¿Qué pasa?

Ama — (Apareciendo.) Don Martín, que vaya usted al colegio, que los niños han roto con un clavo las cañerías y están todas las clases inundadas.

Martín — Vamos allá. Soñé con el Parnaso y tengo que hacer de albañil y fontanero. Con tal de que no me empujen o resbale... (El Ama ayuda a levantarse a don Martín. Se oyen voces.)

Ama — ¡Ya va! ¡Un poco de calma! ¡A ver si el agua sube hasta que no quede un niño vivo!

Martín — (Saliendo.) ¡Bendito sea Dios!

Tía — Pobre, ¡qué sino el suyo!

Ama — Mírese en ese espejo. Él mismo se plancha los cuellos y cose sus calcetines, y cuando estuvo enfermo, que le llevé las natillas, tenía una cama con unas sábanas que tiznaban como el carbón y unas paredes y un lavabillo... ¡ay!

Tía — ¡Y otros, tanto!

Ama — Por eso siempre diré: ¡Malditos, malditos sean los ricos! ¡No quede de ellos ni las uñas de las manos!

Tía — ¡Déjalos!

Ama — Pero estoy segura que van al infierno de cabeza. ¿Dónde cree usted que estará don Rafael Salé, explotador de los pobres que enterraron anteayer (Dios lo haya perdonado), con tanto cura y tanta monja y tanto gori-gori? ¡En el infierno! Y él dirá: « ¡Que tengo veinte millones de pesetas, no me apretéis con las tenazas! ¡Os doy cuarenta mil duros si me arrancáis estas brasas de los pies!»; pero los demonios, tizonazo por aquí, tizonazo por allá, puntapié que te quiero, bofetadas en la cara, hasta que la sangre se le convierta en carbonilla.

Tía — Todos los cristianos sabemos que ningún rico entra en el reino de los cielos, pero a ver si por hablar de ese modo vas a parar también al infierno de cabeza.

Ama — ¿Al infierno yo? Del primer empujón que le doy a la caldera de Pedro Botero, hago llegar el agua caliente a los confines de la Tierra. No, señora, no. Yo entro en el cielo a la fuerza. (Dulce.) Con usted. Cada una en una butaca de seda celeste que se meza ella sola, y unos abanicos de raso grana. En medio de las dos, en un columpio de jazmines y matas de romero, Rosita meciéndose y detrás su marido cubierto de rosas, como salió en su caja de esa habitación; con la misma sonrisa, con la misma frente blanca como si fuera de cristal, y usted se mece así, y yo así, y Rosita así, y detrás el Señor tirándonos rosas como si las tres fuéramos un paso de nácar lleno de cirios y caireles.

Tía — Y los pañuelos para las lágrimas que se queden aquí abajo.

Ama — Eso, que se fastidien. Nosotras, ¡juerga celestial!

Tía — ¡Porque ya no nos queda una sola dentro del corazón!

Obrero 1 — Ustedes dirán.

Ama — Vengan. (Entran. Desde la puerta.) ¡Ánimo!

Tía	¡Dios te bendiga! (La Tía se sienta lentamente. Aparece Rosita con un paquete de cartas en la mano. Silencio.)
Tía	¿Se han llevado ya la cómoda?
Rosita	En este momento. Su prima Esperanza mandó un niño por un destornillador.
Tía	Estarán armando las camas para esta noche. Debimos irnos temprano y haber hecho las cosas a nuestro gusto. Mi prima habrá puesto los muebles de cualquier manera.
Rosita	Pero yo prefiero salir de aquí con la calle a oscuras. Si me fuera posible apagaría el farol. De todos modos las vecinas estarán acechando. Con la mudanza ha estado todo el día la puerta llena de chiquillos como si en la casa hubiera un muerto.
Tía	Si yo lo hubiera sabido no hubiese consentido de ninguna manera que tu tío hubiera hipotecado la casa con muebles y todo. Lo que sacamos es lo sucinto, la silla para sentarnos y la cama para dormir.
Rosita	Para morir.
Tía	¡Fue buena jugada la que nos hizo! ¡Mañana vienen los nuevos dueños! Me gustaría que tu tío nos viera. ¡Viejo tonto! Pusilámine para los negocios. ¡Chalado de las rosas! ¡Hombre sin idea del dinero! Me arruinaba cada día. «Ahí está fulano»; y él: «Que entre»; y entraba con los bolsillos vacíos y salía con ellos rebosando plata, y siempre: «Que no se entere mi mujer».

¡El manirroto! ¡El débil! Y no había calamidad que no remediase... ni niños que no amparara porque... porque... tenía el corazón más grande que hombre tuvo... el alma cristiana más pura...; no, no, ¡callate, vieja! ¡Cállate, habladora, y respeta la voluntad de Dios! ¡Arruinadas! Muy bien y ¡silencio!; pero te veo a ti...

Rosita — No se preocupe de mí, tía. Yo sé que la hipoteca la hizo para pagar mis muebles y mi ajuar, y esto es lo que me duele.

Tía — Hizo bien. Tú lo merecías todo. Y todo lo que se compró es digno de ti y será hermoso el día que lo uses.

Rosita — ¿El día que lo use?

Tía — ¡Claro! El día de tu boda.

Rosita — No me haga usted hablar.

Tía — Ése es el defecto de las mujeres decentes de estas tierras. ¡No hablar! No hablamos y tenemos que hablar. (A voces.) ¡Ama! ¿Ha llegado el correo?

Rosita — ¿Qué se propone usted?

Tía — Que me veas vivir, para que aprendas.

Rosita — (Abrazándola.) Calle.

Tía — Alguna vez tengo que hablar alto. Sal de tus cuatro paredes, hija mía. No te hagas a la desgracia.

Rosita (Arrodillada delante de ella.) Me he acostumbrado a vivir muchos años fuera de mí, pensando en cosas que estaban muy lejos, y ahora que estas cosas ya no existen, sigo dando vueltas y más vueltas por un sitio frío, buscando una salida que no he de encontrar nunca. Yo lo sabía todo. Sabía que se había casado; ya se encargó un alma caritativa de decírmelo, y he estado recibiendo sus cartas con una ilusión llena de sollozos que aun a mí misma me asombra. Si la gente no hubiera hablado; si vosotras no lo hubiérais sabido; si no lo hubiera sabido nadie más que yo, sus cartas y su mentira hubieran alimentado mi ilusión como el primer año de su ausencia. Pero lo sabían todos y yo me encontraba señalada por un dedo que hacía ridícula mi modestia de prometida y daba un aire grotesco a mi abanico de soltera. Cada año que pasaba era como una prenda íntima que arrancaran de mi cuerpo. Y hoy se casa una amiga y otra y otra, y mañana tiene un hijo y crece, y viene a enseñarme sus notas de examen, y hacen casas nuevas y canciones nuevas, y yo igual, con el mismo temblor, igual; yo, lo mismo que antes, cortando el mismo clavel, viendo las mismas nubes; y un día bajo al paseo y me doy cuenta de que no conozco a nadie; muchachos y muchachas me dejan atrás porque me canso, y uno dice: «Ahí está la solterona», y otro, hermoso, con la cabeza rizada, que comenta: «A ésa ya no hay quien le clave el diente». Y yo lo oigo y no puedo gritar sino «vamos adelante», con la boca llena de veneno y con unas ganas enormes de huir, de quitarme los zapatos, de descansar y no moverme más, nunca, de mi rincón.

Tía

¡Hija! ¡Rosita!

Rosita

Ya soy vieja. Ayer le oí decir al Ama que todavía podía yo casarme. De ningún modo. No lo pienses. Ya perdí la esperanza de hacerlo con quien quise con toda mi sangre, con quien quise y... con quien quiero. Todo está acabado... y sin embargo, con toda la ilusión perdida, me acuesto, y me levanto con el más terrible de los sentimientos, que es el sentimiento de tener la esperanza muerta. Quiero huir, quiero no ver, quiero quedarme serena, vacía (¿es que no tiene derecho una pobre mujer a respirar con libertad?). Y sin embargo la esperanza me persigue, me ronda, me muerde; como un lobo moribundo que apretara sus dientes por última vez.

Tía

¿Por qué no me hiciste caso? ¿Por qué no te casaste con otro?

Rosita

Estaba atada, y además, ¿qué hombre vino a esta casa sincero y desbordante para procurarse mi cariño? Ninguno.

Tía

Tú no les hacías ningún caso. Tú estabas encelada por un palomo ladrón.

Rosita

Yo he sido siempre seria.

Tía

Te has aferrado a tu idea sin ver la realidad y sin tener caridad de tu porvenir.

Rosita

Soy como soy. Y no me puedo cambiar. Ahora lo único que me queda es mi dignidad. Lo que tengo por dentro lo guardo para mí sola.

Tía — Esto es lo que yo no quiero.

Ama — (Saliendo de pronto.) ¡Ni yo tampoco! Tú hablas, te desahogas, nos hartamos de llorar las tres y nos repartimos el sentimiento.

Rosita — ¿Y qué os voy a decir? Hay cosas que no se pueden decir porque no hay palabras para decirlas, y si las hubiera, nadie entendería su significado. Me entendéis si pido pan y agua y hasta un beso, pero nunca me podríais ni entender ni quitar esta mano oscura que no se si me hiela o me abrasa el corazón cada vez que me quedo sola.

Ama — Ya estás diciendo algo.

Tía — Para todo hay consuelo.

Rosita — Sería el cuento de nunca acabar. Yo sé que los ojos las tendré siempre jóvenes, y sé que la espalda se me irá curvando cada día. Después de todo, lo que me ha pasado le ha pasado a mil mujeres. (Pausa.) Pero, ¿por qué estoy yo hablando todo esto? (Al Ama.) Tú, vete a arreglar cosas, que dentro de unos momentos salimos de este carmen, y usted, tía, no se preocupe de mí. (Pausa. Al Ama.) ¡Vamos! No me agrada que me miréis así. Me molestan esas miradas de perros fieles. (Se va el Ama.) Esas miradas de lástima que me perturban y me indignan.

Tía — Hija, ¿qué quieres que yo haga?

Rosita — Dejadme como cosa perdida. (Pausa. Se pasea.) Ya sé que se está usted acordando de su hermana la solterona... solterona como yo. Era agria y odiaba a los niños y a toda la que se ponía un traje nuevo... pero yo no seré así. (Pausa.) Le pido perdón.

Tía — ¡Qué tontería! (Aparece por el fondo de la habitación un Muchacho de dieciocho años.)

Rosita — Adelante.

Muchacho — Pero, ¿se mudan ustedes?

Rosita — Dentro de unos minutos. Al oscurecer.

Tía — ¿Quién es?

Rosita — Es el hijo de María.

Tía — ¿Qué María?

Rosita — La mayor de las tres Manolas.

Tía — ¡Ah!
Las que suben a la Alhambra
las tres y las cuatro solas.
Perdona, hijo, mi mala memoria.

Muchacho — Me ha visto usted muy pocas veces.

Tía — Claro, pero yo quería mucho a tu madre. ¡Qué graciosa era! Murió por la misma época que mi marido.

Rosita — Antes.

Muchacho — Hace ocho años.

Rosita — Y tiene la misma cara.

Muchacho — (Alegre.) Un poquito peor. Yo la tengo hecha a martillazos.

Tía — Y las mismas salidas; ¡el mismo genio!

Muchacho — Pero, claro que me parezco. En carnaval me puse un vestido de mi madre... un vestido del año de la nana, verde...

Rosita — (Melancólica.) Con lazos negros... y bullones de seda verde nilo.

Muchacho — Sí.

Rosita — Y un gran lazo de terciopelo en la cintura.

Muchacho — El mismo.

Rosita — Que cae a un lado y otro del polisón.

Muchacho — ¡Exacto! ¡Qué disparate de moda! (Se sonríe.)

Rosita — (Triste.) ¡Era una moda bonita!

Muchacho — ¡No me diga usted! Pues bajaba yo muerto de risa con el vejestorio puesto, llenando todo el pasillo de la casa de olor de alcanfor, y de pronto mi tía se puso a llorar amargamente porque decía que era exactamente igual que ver a mi madre. Yo me impresioné, como es natural, y dejé el traje y el antifaz sobre mi cama.

Rosita — Como que no hay cosa más viva que un recuerdo. Llegan a hacernos la vida imposible. Por eso yo comprendo muy bien a esas viejecillas borrachas que van por las calles queriendo borrar el mundo, y se sientan a cantar en los bancos del paseo.

Tía — ¿Y tu tía la casada?

Muchacho — Escribe desde Barcelona. Cada vez menos.

Rosita — ¿Tiene hijos?

Muchacho — Cuatro. (Pausa.)

Ama — (Entrando.) Déme usted las llaves del armario. (La Tía se las da. Por el

Muchacho —) Aquí, el joven, iba ayer con su novia. Los vi por la Plaza Nueva. Ella quería ir por un lado y él no la dejaba. (Ríe.)

Tía — ¡Vamos, con el niño!

Muchacho — (Azorado.) Estábamos de broma.

Ama — ¡No te pongas colorado! (Saliendo.)

Rosita — ¡Vamos, calla!

Muchacho — ¡Qué jardín más precioso tienen ustedes!

Rosita — ¡Teníamos!

Tía — Ven, y corta unas flores.

Muchacho — Usted lo pase bien, doña Rosita.

Rosita — ¡Anda con Dios, hijo! (Salen. La tarde está cayendo.)

Rosita — ¡Doña Rosita! ¡Doña Rosita!
Cuando se abre en la mañana
roja como sangre está.
La tarde la pone blanca
con blanco de espuma y sal.
Y cuando llega la noche
se comienza a deshojar.

(Pausa.)

Ama — (Sale con un chal.) ¡En marcha!

Rosita — Sí, voy a echarme un abrigo.

Ama — Como he descolgado la percha, lo tienes enganchado en el tirador de la ventana. (Entra la Solterona 3.°, vestida de oscuro, con un velo de luto en la cabeza y la pena que se llevaba en el año doce. Hablan bajo.)

Soltera 1 — ¡Ama!

Ama — Por unos minutos nos encuentra aquí.

Soltera 1 — Yo vengo a dar una lección de piano que tengo aquí cerca y me llegué por si necesitaban ustedes algo.

Ama — ¡Dios se lo pague!

Soltera 1 — ¡Qué casa más grande!

Ama — Sí, sí, pero no me toque usted el corazón, no me levante la gasa de la pena, porque yo soy la que tiene que dar ánimos en este duelo sin muerto que está usted presenciando.

Soltera 1 — Yo quisiera saludarlas.

Ama — Pero es mejor que no las vea. ¡Vaya por la otra casa!

Soltera 1 — Es mejor. Pero si hace falta algo, ya sabe que en lo que pueda, aquí estoy yo.

Ama — ¡Ya pasará la mala hora! (Se oye el viento.)

Soltera 1 — ¡Se ha levantado un aire!

Ama — Sí. Parece que va a llover. (La Solterona 3 se va.)

Tía — (Entra.) Como siga este viento, no va a quedar una rosa viva. Los cipreses de la glorieta casi tocan las paredes de mi cuarto. Parece como si alguien quisiera poner el jardín feo para que no tuviésemos pena de dejarlo.

Ama — Como precioso, precioso, no ha sido nunca. ¿Se ha puesto su abrigo? Y esta nube... Así, bien tapada. (Se la pone.) Ahora, cuando lleguemos, tengo la comida hecha. De postre, flan. A usted le gusta. Un flan dorado como una clavellina. (El Ama habla con la voz velada por una profunda emoción. Se oye un golpe.)

Tía	Es la puerta del invernadero. ¿Por qué no la cierras?
Ama	No se puede cerrar por la humedad.
Tía	Estará toda la noche golpeando.
Ama	¡Como no la oiremos...! (La escena está en una dulce penumbra de atardecer.)
Tía	Yo sí. Yo sí la oiré.

(Aparece Rosita. Viene pálida, vestida de blanco, con un abrigo hasta el filo del vestido.)

Ama	(Valiente.) ¡Vamos!
Rosita	(Con voz débil.) Ha empezado a llover. Así no habrá nadie en los balcones para vernos salir.
Tía	Es preferible.
Rosita	(Vacila un poco, se apoya en una silla y cae sostenida por el Ama y la Tía que impiden su total desmayo.) «Y cuando llega la noche se comienza a deshojar.»

(Salen y a su mutis queda la escena sola. Se oye golpear la puerta. De pronto se abre un balcón del fondo y las blancas cortinas oscilan con el viento.)

Telón

Libros a la carta

A la carta es un servicio especializado para
empresas,
librerías,
bibliotecas,
editoriales
y centros de enseñanza;
y permite confeccionar libros que, por su formato y concepción, sirven a los propósitos más específicos de estas instituciones.

Las empresas nos encargan ediciones personalizadas para marketing editorial o para regalos institucionales. Y los interesados solicitan, a título personal, ediciones antiguas, o no disponibles en el mercado; y las acompañan con notas y comentarios críticos.

Las ediciones tienen como apoyo un libro de estilo con todo tipo de referencias sobre los criterios de tratamiento tipográfico aplicados a nuestros libros que puede ser consultado en linkgua-digital.com.

Linkgua edita por encargo diferentes versiones de una misma obra con distintos tratamientos ortotipográficos (actualizaciones de carácter divulgativo de un clásico, o versiones estrictamente fieles a la edición original de referencia).

Este servicio de ediciones a la carta le permitirá, si usted se dedica a la enseñanza, tener una forma de hacer pública su interpretación de un texto y, sobre una versión digitalizada «base», usted podrá introducir interpretaciones del texto fuente. Es un tópico que los profesores denuncien en clase los desmanes de una edición, o vayan comentando errores de interpretación de un texto y esta es una solución útil a esa necesidad del mundo académico.

Asimismo publicamos de manera sistemática, en un mismo catálogo, tesis doctorales y actas de congresos académicos, que son distribuidas a través de nuestra Web.

El servicio de «libros a la carta» funciona de dos formas.

1. Tenemos un fondo de libros digitalizados que usted puede personalizar en tiradas de al menos cinco ejemplares. Estas personalizaciones pueden ser de todo tipo: añadir notas de clase para uso de un grupo de estu-

diantes, introducir logos corporativos para uso con fines de marketing empresarial, etc. etc.

2. Buscamos libros descatalogados de otras editoriales y los reeditamos en tiradas cortas a petición de un cliente.

Made in the USA
Monee, IL
13 September 2026

62988797R00059